TITULO DEL LIBRO:
LA DEFORESTACION TROPICAL
La destrucción del bosque tropical

Título original: *Tropical Rainforest*
Asesoramiento técnico:
Rosa Costa-Pau, maestra y bióloga
Copyright © por Aladdin Books 1991
28 Percy Street, London W1P 9FF
Diseñado por: David West,
Children's Book Design
Ilustrado por: James McDonald
Editado por: Fiona Robertson

Derecho de publicación para España:
© PARRAMON EDICIONES, S.A.
Gran Via de les Corts Catalanes, 322-324
08004 Barcelona

Derecho de publicación para territorios y mercados de habla
hispana de Latinoamérica y Norte América:
© 1993 EDITORIAL NORMA S. A.
A. A. 53550, Santafé de Bogotá D.C., Colombia.
Reservados todos los derechos.
Prohibida la reproducción total o parcial de esta obra, por
cualquier medio, sin permiso escrito de la Editorial.

ISBN de la obra: 958-04-2244-3
ISBN de la colección: 958-04-2243-5
Impreso en Colombia - Printed in Colombia

Un libro Aladdin
Diseñado y dirigido por
Aladdin Books Limited
28 Percy Street, London W1P 9FF

Contenido

Introducción

El bosque tropical es un lugar muy especial. Se halla poblado por el mayor número de especies de animales y plantas que se puede encontrar sobre la Tierra. Los hombres que viven en este lugar ruidoso y lleno de color han convivido con animales y plantas durante miles de años. Pero en la actualidad, un espacio de bosque del tamaño de un campo de fútbol es destruido cada día. Una reserva preciosa de animales y plantas desaparece, quizás para siempre.

El bosque tropical

Los árboles del bosque tropical parecen
una enorme alfombra verde, que cubre el
territorio en una extensión de miles de
kilómetros. La zona interior del bosque es
calurosa y muy húmeda. Además de
árboles, hay otras muchas formas de vida.
Por todas partes, crecen otras plantas de
variadísimas formas y tamaños, algunas
incluso por encima de los mismos árboles.
El aire se llena de sonidos de animales,
llamadas de pájaros y zumbidos de insectos.

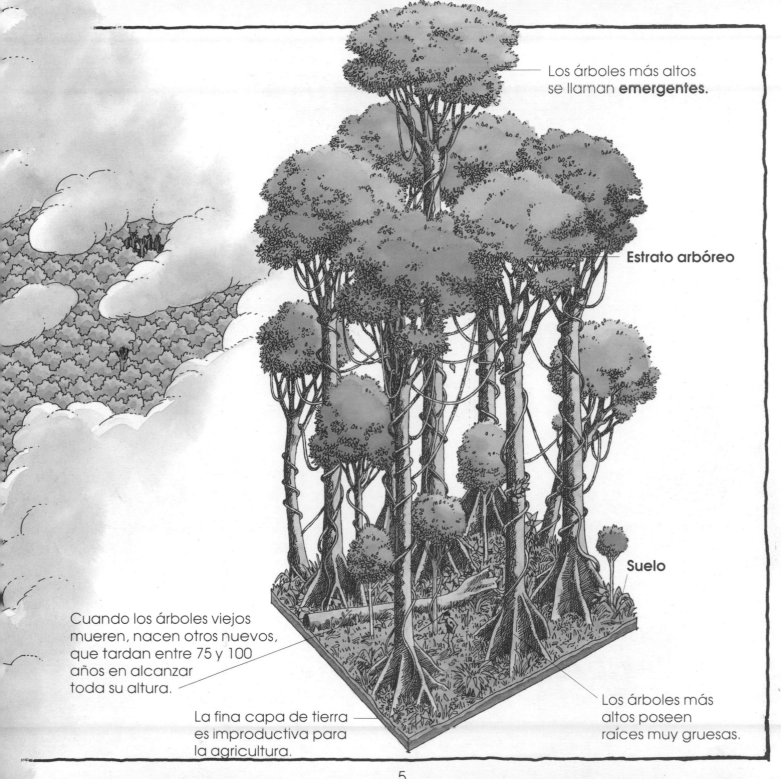

Los árboles más altos
se llaman **emergentes.**

Estrato arbóreo

Suelo

Cuando los árboles viejos
mueren, nacen otros nuevos,
que tardan entre 75 y 100
años en alcanzar
toda su altura.

La fina capa de tierra
es improductiva para
la agricultura.

Los árboles más
altos poseen
raíces muy gruesas.

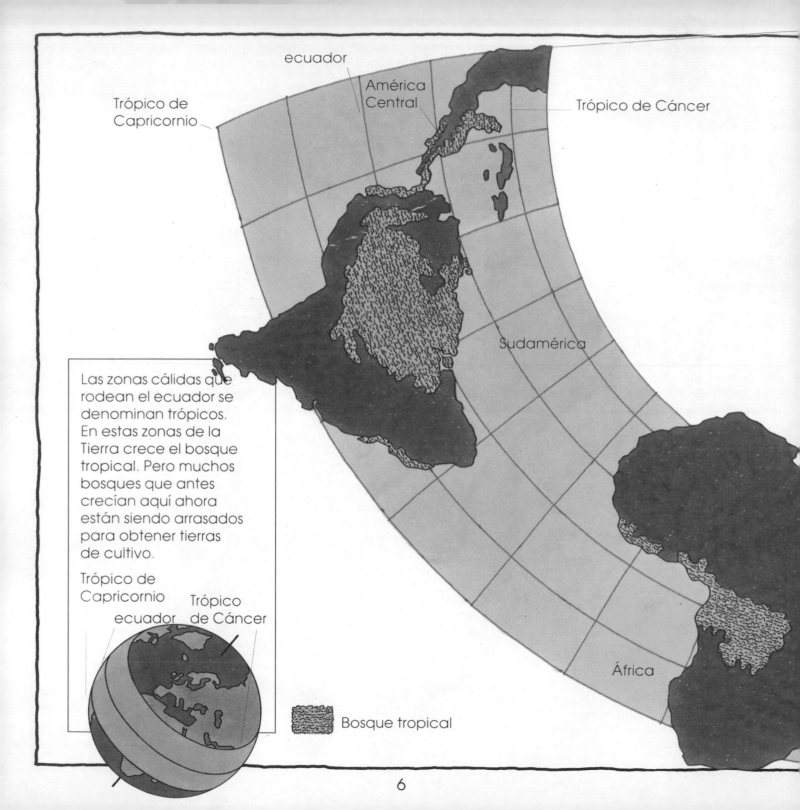

ecuador

América Central

Trópico de Cáncer

Trópico de Capricornio

Sudamérica

Las zonas cálidas que rodean el ecuador se denominan trópicos. En estas zonas de la Tierra crece el bosque tropical. Pero muchos bosques que antes crecían aquí ahora están siendo arrasados para obtener tierras de cultivo.

Trópico de Capricornio

ecuador

Trópico de Cáncer

África

Bosque tropical

¿Dónde está?

El bosque tropical se halla situado en las zonas de la Tierra próximas al ecuador; como sabes, el ecuador es una línea imaginaria trazada alrededor del centro de la Tierra. El bosque tropical crece en lugares calurosos y húmedos. La zona de bosque más extensa se encuentra en la cuenca del río Amazonas, en Sudamérica, aunque actualmente se está destruyendo.

En el mapa se muestra la situación de los bosques tropicales en el mundo.

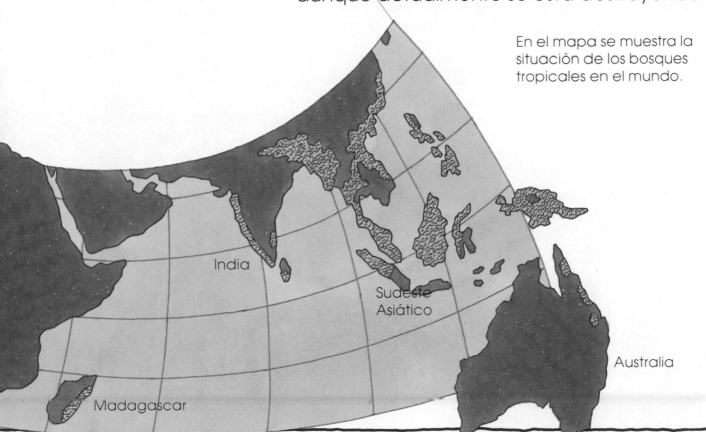

India

Sudeste Asiático

Australia

Madagascar

La zona superior

Un bosque posee capas o estratos diferentes.
En la zona superior del bosque tropical se
encuentran árboles muy altos, llamados
emergentes. Bajo los árboles emergentes
existe una zona de ramas y hojas, llamada
capa o estrato arbóreo. Una de las
funciones de este estrato es recibir la mayor
parte de luz solar y recoger el agua de lluvia.
En el estrato arbóreo viven aves de brillantes
colores, como los tucanes y los guacamayos.

La forma del pico les
facilita a muchas aves la
obtención del alimento.
Los monos poseen largas
colas que les permiten
colgarse de las
ramas.

Chinche
(*Umbolia
spinosa*)

Guacamayo

Tucán

Serpiente
arborícola

Mantis
religiosa

Monos
ardilla

Mono
aullador

Zarigüeya

Perezoso

9

Estrato arbustivo

La parte del bosque situada bajo la copa de los árboles se denomina estrato arbustivo. También crecen árboles, pero son mucho más pequeños que los que se desarrollan en la zona arbórea. En el estrato arbustivo viven animales de gran tamaño, como gorilas y leopardos. Muchos de ellos poseen dibujos especiales para imitar el color del entorno. Esto se denomina camuflaje y es un sistema de defensa utilizado por algunos animales.

Descomposición
En el bosque tropical las hojas del suelo se pudren y se transforman en «alimento» para los árboles.

Los **hongos** parasitan en las ramas caídas.

Los **insectos** devoran los restos de plantas.

Las **bacterias** del suelo transforman los restos en alimento para las plantas.

Leopardo

Ardilla
listada

Guareza abisinio

Rana tropical

Esfinge
de las adelfas

Duiquero de Doria
(antílope)

Gorila

Estos animales viven en el
estrato arbustivo de un
bosque tropical africano.
Algunos buscan la comida
en el suelo, pero regresan a
los árboles por la noche.

En la sombra

El suelo es la parte más oscura y cálida del bosque. El aire contiene mucha humedad y sólo crecen plantas que pueden vivir en la sombra. Muchas de ellas poseen hojas con formas especiales para recoger el agua de lluvia. El suelo está cubierto de hojas y ramas caídas. Otras plantas, como el liquen, e insectos, como las hormigas, viven también en el suelo del bosque.

El bosque es un mosaico de distintas formas de vida. En la ilustración puedes ver una rama de un árbol del bosque tropical. Muchos insectos, como el saltamontes y el ciempiés, viven entre las plantas.

Mariposa nocturna (familia notodóntidos)

Bromeliácea

Mariposa nocturna (familia noctuidos)

Hormigas

Orquídea

Liquen

Araña hormiga

12

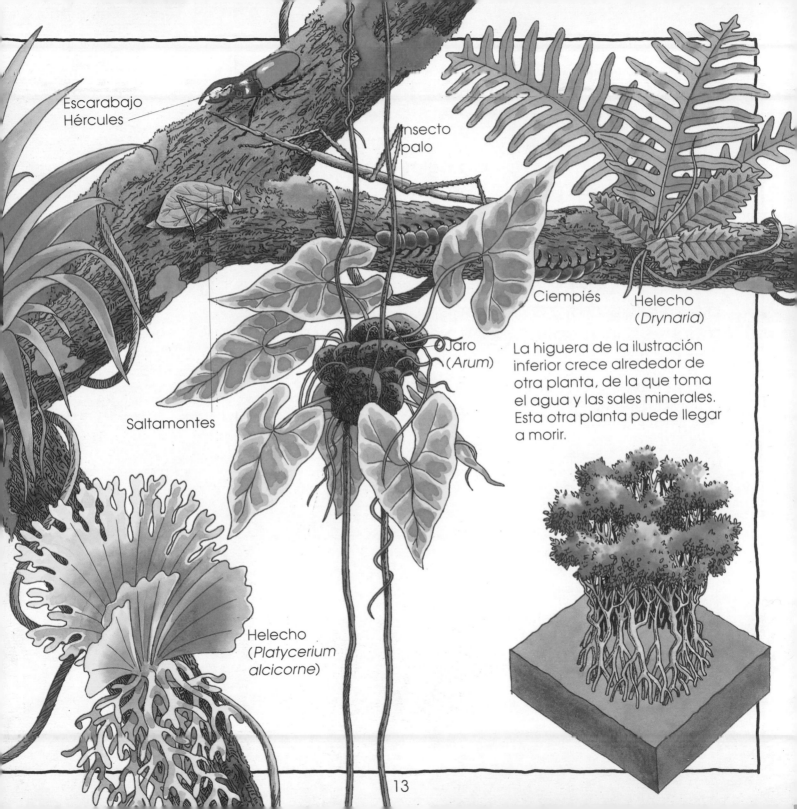

Escarabajo
Hércules

Insecto
palo

Ciempiés

Helecho
(*Drynaria*)

Saltamontes

Jaro
(*Arum*)

La higuera de la ilustración
inferior crece alrededor de
otra planta, de la que toma
el agua y las sales minerales.
Esta otra planta puede llegar
a morir.

Helecho
(*Platycerium
alcicorne*)

La tala del bosque

Los árboles del bosque tropical se talan por diversos motivos. Muchos árboles son viejos –algunos tienen más de doscientos años– y su madera es muy dura, por lo que se utiliza en la construcción y en la fabricación de muebles. Sin embargo, sería preferible emplear maderas más baratas, como la del pino, porque este árbol puede crecer en muchas zonas en tan sólo veinticinco años. También se arrasan grandes extensiones de bosque tropical para obtener pasto para el ganado.

El bosque de la ilustración ha sido talado y no crecerá de nuevo. El suelo queda arrasado y, con él, desaparecen las bacterias que transforman los restos vegetales y animales en alimento para todas las plantas del bosque.

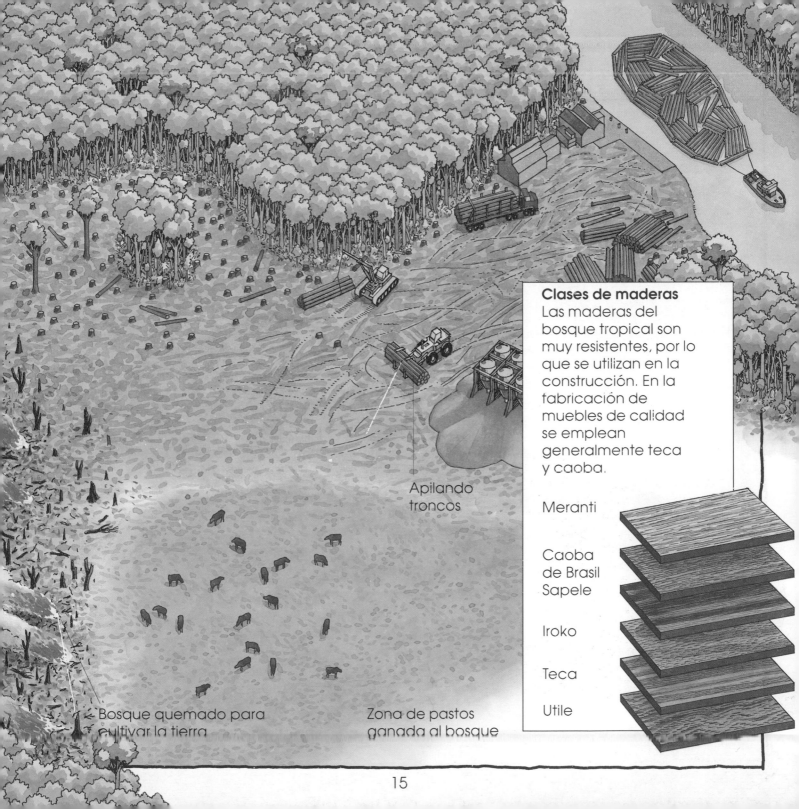

Apilando
troncos

Clases de maderas
Las maderas del bosque tropical son muy resistentes, por lo que se utilizan en la construcción. En la fabricación de muebles de calidad se emplean generalmente teca y caoba.

Meranti

Caoba
de Brasil
Sapele

Iroko

Teca

Utile

Bosque quemado para cultivar la tierra

Zona de pastos ganada al bosque

En peligro

Los animales y las plantas se adaptan a los alimentos y al clima de una zona. Si el medio es destruido o sus nidos y sus guaridas desaparecen, les es difícil sobrevivir en un lugar muy diferente. Cuando destruimos un bosque, los animales y las plantas que allí viven también son destruidos. En todo el mundo desaparecen cada día diferentes especies de animales y plantas, debido a la tala de árboles. Muchos otros se encuentran en peligro de extinción, lo que significa que están a punto de desaparecer para siempre.

Águila
de los monos
(Filipinas)

Langur
(sur de Asia)

Tigre
(sur de Asia)

Manatí
(Amazonas)

Orangután
(sur do Asia)

Aye aye
(Madagascar)

Dulquero de Jentink
(África Occidental)

Indri
(Madagascar)

Gorila
(África)

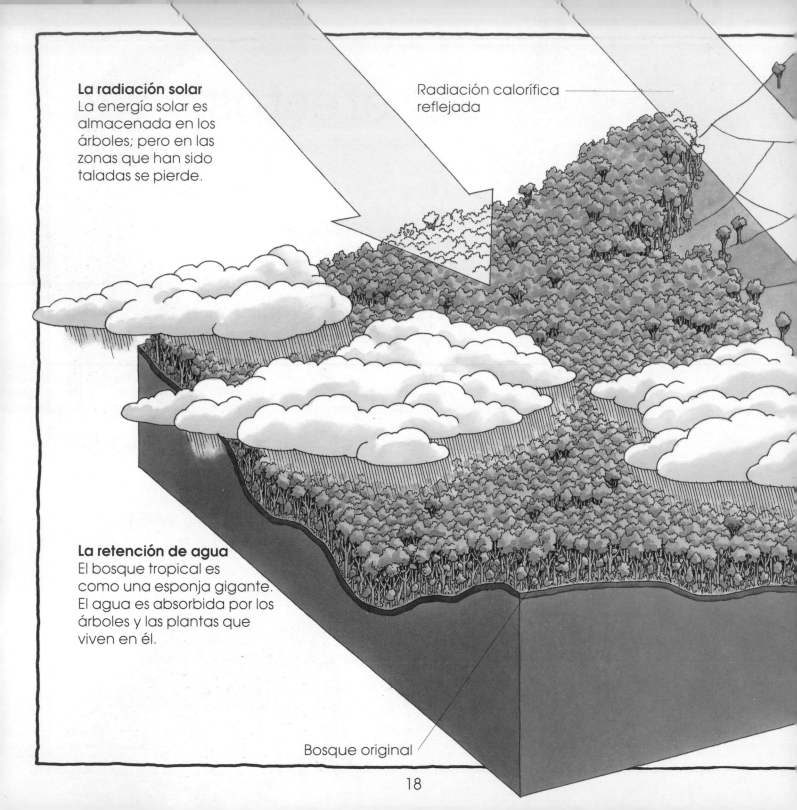

La radiación solar
La energía solar es almacenada en los árboles; pero en las zonas que han sido taladas se pierde.

Radiación calorífica reflejada

La retención de agua
El bosque tropical es como una esponja gigante. El agua es absorbida por los árboles y las plantas que viven en él.

Bosque original

18

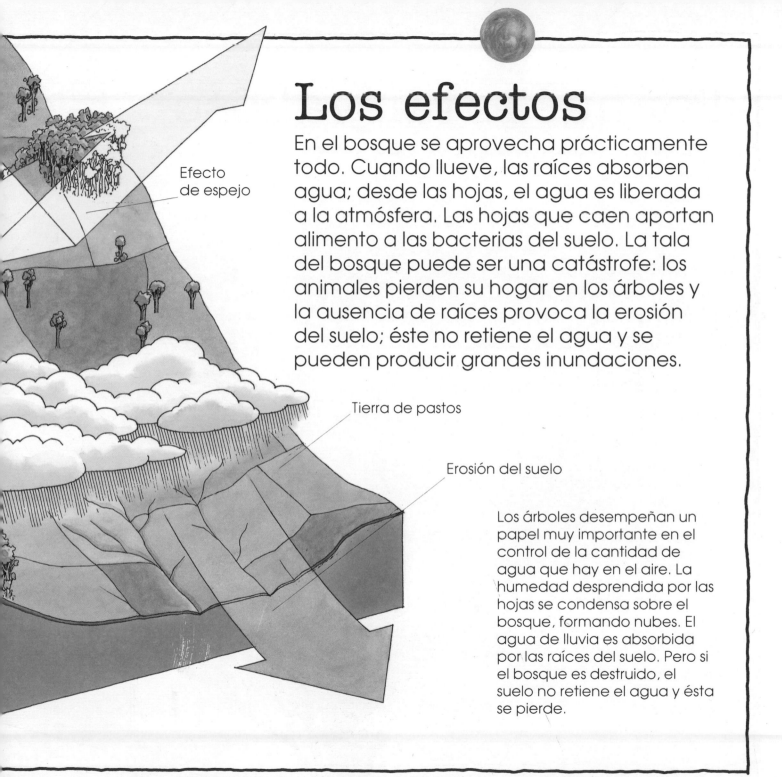

Los efectos

En el bosque se aprovecha prácticamente todo. Cuando llueve, las raíces absorben agua; desde las hojas, el agua es liberada a la atmósfera. Las hojas que caen aportan alimento a las bacterias del suelo. La tala del bosque puede ser una catástrofe: los animales pierden su hogar en los árboles y la ausencia de raíces provoca la erosión del suelo; éste no retiene el agua y se pueden producir grandes inundaciones.

Efecto de espejo

Tierra de pastos

Erosión del suelo

Los árboles desempeñan un papel muy importante en el control de la cantidad de agua que hay en el aire. La humedad desprendida por las hojas se condensa sobre el bosque, formando nubes. El agua de lluvia es absorbida por las raíces del suelo. Pero si el bosque es destruido, el suelo no retiene el agua y ésta se pierde.

Por qué es tan valioso

Las plantas verdes realizan una importante función. Mediante la función clorofílica, transforman el agua y las sales minerales del suelo en alimento para todos los seres vivos. Para ello, captan dióxido de carbono del aire y desprenden oxígeno. Si los árboles desaparecen, se acumula en la atmósfera dióxido de carbono, que absorbe el calor atmosférico. Por eso, la quema de árboles es un factor que influye de forma importante en el aumento de la temperatura de la Tierra.

Mantiene el equilibrio
Las plantas verdes captan dióxido de carbono y desprenden oxígeno a través de la función clorofílica, manteniendo así el equilibrio entre vegetales y animales. Pero cuando se queman amplias extensiones de bosque, se acumulan grandes cantidades de dióxido de carbono en la atmósfera.

Dióxido de carbono

Oxígeno

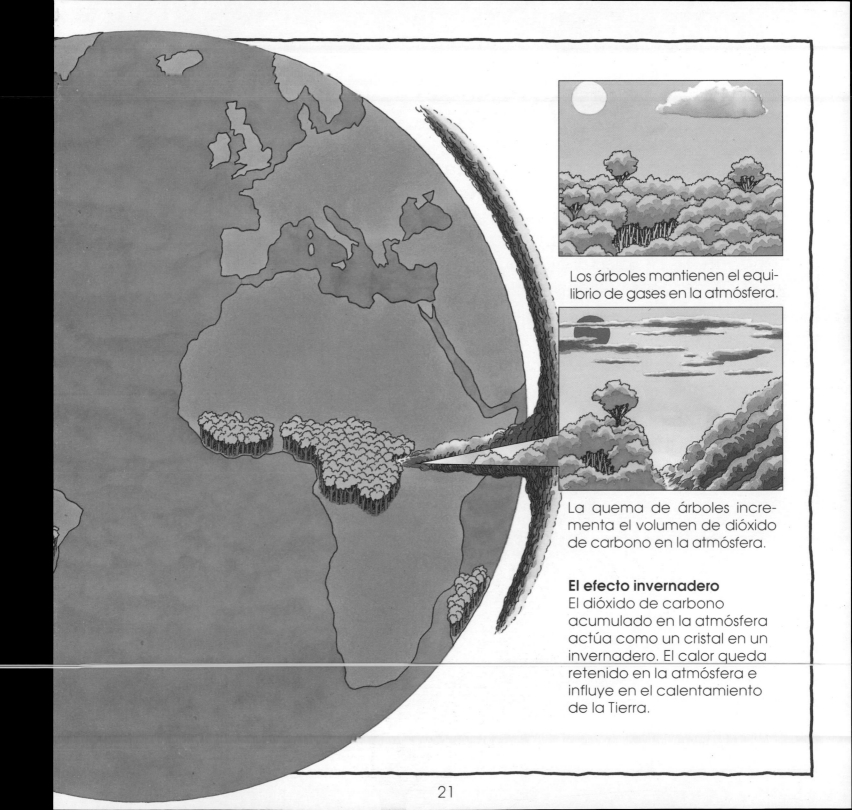

Los árboles mantienen el equilibrio de gases en la atmósfera.

La quema de árboles incre-
menta el volumen de dióxido
de carbono en la atmósfera.

El efecto invernadero

El dióxido de carbono
acumulado en la atmósfera
actúa como un cristal en un
invernadero. El calor queda
retenido en la atmósfera e
influye en el calentamiento
de la Tierra.

Los pueblos

Los pueblos que viven en el bosque tropical talan sólo pequeñas zonas para dedicarlas al cultivo y periódicamente trasladan su poblado de lugar. El bosque crece y se renueva sin grandes dificultades. Preparan también sus propias medicinas con ingredientes que obtienen de las plantas. Si destruimos el medio en el que viven, pueden llegar a desaparecer y con ellos se perderán su forma de vida y su cultura.

Cuando los pueblos del bosque talan y queman una pequeña extensión de bosque, la ceniza enriquece el suelo. Pero si esto lo hacen muy a menudo, la tierra puede dejar de ser aprovechable para la agricultura.

Pequeña extensión de bosque talado y quemado.

La ceniza enriquece la tierra. Pero la utilidad de ésta para la agricultura es breve.

La tribu se ha trasladado a otro lugar, permitiendo así que el bosque crezca de nuevo.

Ñame

Vainas de gombo
(*Hibiscus esculentus*)

Mandioca

Chiles

Pimientos
dulces

Cazadores y recolectores

Los pueblos que viven en el bosque tropical conocen el valor de todo lo que les ofrece el bosque. Cazan animales y recogen bayas, raíces y frutos, como alimentos. También conocen las plantas que curan las heridas y que sanan a las personas enfermas de la tribu.

Las riquezas

Muchos alimentos y productos que consumimos o utilizamos habitualmente tienen su origen en el bosque tropical. Los plátanos, el café, el té y algunas especias, como la canela, se encontraron originariamente allí, creciendo de forma natural. Algunas plantas se utilizan en la fabricación de perfumes. De otras se obtienen sustancias que se emplean en la preparación de medicamentos.

Los secretos del bosque

Aún quedan muchas plantas útiles por descubrir en el bosque tropical. Pero si no protegemos el bosque, estas plantas pueden desaparecer, sin que lleguen a ser de utilidad.

Plantas milagrosas

Los pueblos del bosque tropical utilizan plantas diferentes, como la hierba doncella o pervinca de Madagascar (abajo), en el tratamiento de algunas enfermedades.

Pervinca

Piña y frutos exóticos

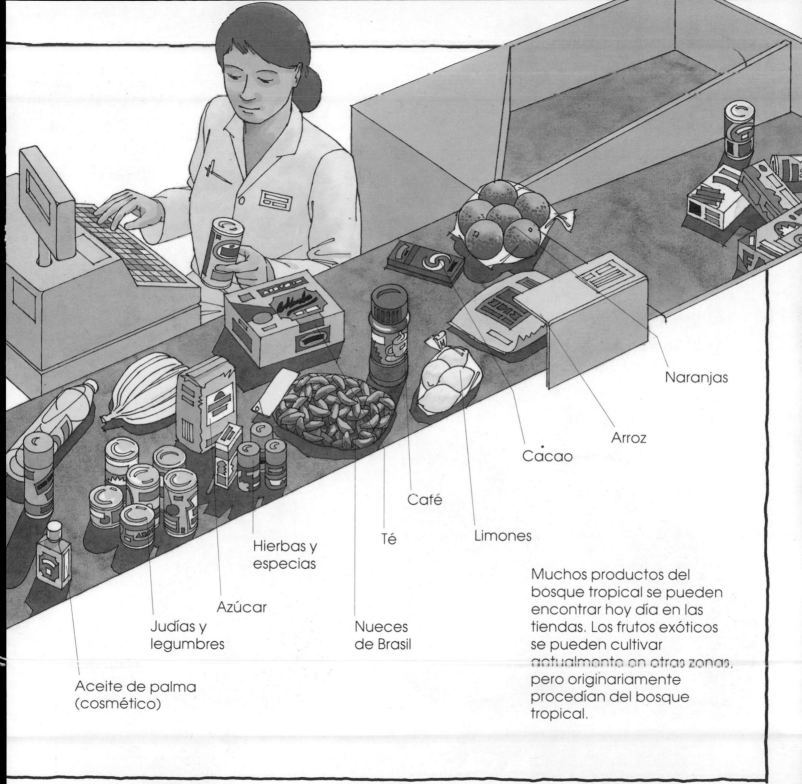

Naranjas

Arroz

Cacao

Café

Limones

Té

Hierbas y
especias

Azúcar

Nueces
de Brasil

Judías y
legumbres

Aceite de palma
(cosmético)

Muchos productos del
bosque tropical se pueden
encontrar hoy día en las
tiendas. Los frutos exóticos
se pueden cultivar
actualmente en otras zonas,
pero originariamente
procedían del bosque
tropical.

Luchar por el bosque

Si el bosque tropical desapareciera, algo muy valioso se habría perdido. Con él, se destruirían los ecosistemas de miles de plantas, animales y seres humanos. Nuestra actitud debe estar, pues, encaminada a evitar su desaparición. Todos debemos esforzarnos por comprender la importancia del bosque y la trascendencia de lo que en él sucede.

La defensa de los árboles
Famosas estrellas del pop, como Sting, han celebrado conciertos con el fin de recaudar fondos, cuyo destino es colaborar en la salvación del bosque tropical y de los pueblos que lo habitan.

Los datos

Más de 1.000

5.000

10.000

La deforestación en km (1989)

Bosques que desaparecen

Hace veinte años, el bosque tropical cubría una cuarta parte de la superficie de la Tierra. Hoy día ocupa áreas más pequeñas y, en pocos años, la extensión de bosque puede ser muy reducida.

De 6 a 9 millones de indios vivían en la región del Amazonas en tiempos de Colón.

Hoy existen 200.000

Pueblos en peligro

En el bosque tropical ha habido dos tipos de invasiones: primero, la de exploradores empuñando sus rifles y, más tarde, la de obreros y máquinas talando árboles.

Resto del mundo

Bosque tropical

La mitad de las especies viven en una tercera parte de la Tierra.

Rebosante de vida

En una pequeña parte del bosque hay unas1.500 variedades de plantas, 750 especies de árboles, 125 especies de mamíferos, 400 clases de aves, 150 mariposas diferentes y muchas otras clases de insectos.

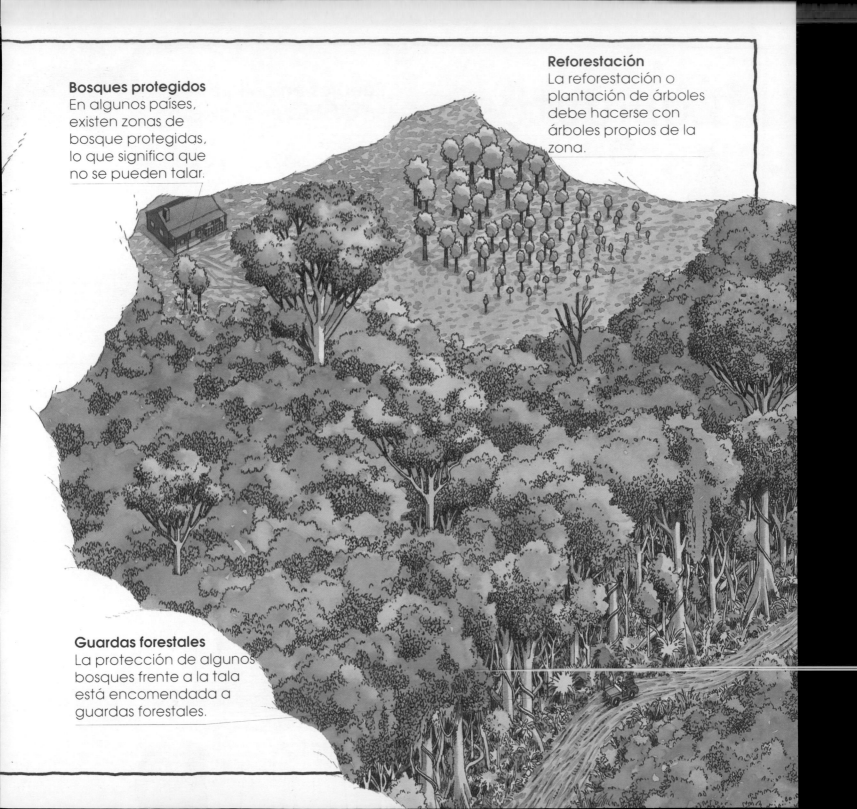

Bosques protegidos
En algunos países, existen zonas de bosque protegidas, lo que significa que no se pueden talar.

Reforestación
La reforestación o plantación de árboles debe hacerse con árboles propios de la zona.

Guardas forestales
La protección de algunos bosques frente a la tala está encomendada a guardas forestales.

La inundación del bosque

Grandes zonas del bosque tropical han sido inundadas por la construcción de presas. La consecuencia es que en estas tierras no crecerán árboles nunca más.

Flechas envenenadas

El veneno extraído de una rana, así como el curare, que se extrae de una planta, son utilizados por los indios del Amazonas para cazar. Ambos venenos paralizan a las víctimas. Hoy día también se utilizan, aunque en pequeñas cantidades, en algunas operaciones quirúrgicas.

El efecto sobre los ríos

Cuando los árboles y las plantas del bosque desaparecen, el suelo no retiene el agua y ésta arrastra barro a los ríos.

En los bosques tropicales de África viven algunos de los animales más grandes y más pequeños que existen. Entre los «gigantes» se encuentran la rana goliat (5), el caracol de tierra africano (2) y el escarabajo goliat (3). El insecto más largo es el insecto palo gigante de Indonesia (4), la mariposa más grande es la Alexandria (7) y la araña de mayor tamaño es la araña pájaro (8). La rata de trompa estriada (6) es casi tan grande como una cría de antílope real (1).

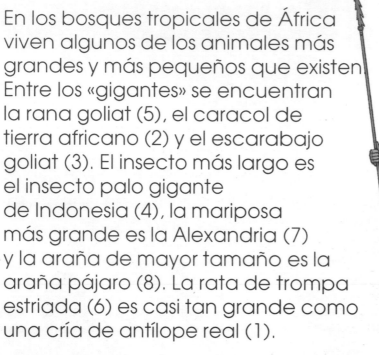

Los pigmeos africanos adultos miden 1,50 m.

Glosario

atmósfera
Capa de gases que rodea y protege la Tierra. Alcanza unos 700 kilómetros de profundidad.

bacteria
Minúsculos organismos casi siempre de una sola célula. Fueron las primeras formas de vida sobre la Tierra hace unos 3.000 millones de años. Algunas bacterias producen enfermedades y estropean los alimentos, pero muchas otras aportan grandes beneficios. Las bacterias del suelo transforman la materia orgánica en alimento para las plantas.

deforestación
Talar los árboles, destruyendo el bosque.

ecosistema
Conjunto formado por un ambiente físico definido y por los seres vivos –animales, plantas y microorganismos– que en él viven.

extinción
Cuando viven pocos miembros de una especie animal o vegetal se dice que la especie está en vías de extinción. Esto significa que puede desaparecer para siempre.

parasitar
Vivir una especie animal o vegetal a costa de otro ser vivo, de forma temporal o permanente.

reforestación
Plantar árboles nuevos para repoblar un bosque.

Índice